维西

傈僳之韵

主编　蔡武成　李德佑

云南大学出版社
YUNNAN UNIVERSITY PRESS

茶马古道
跨越巅峰的生活

维西
傈僳之韵

主　编： 蔡武成　李德佑

副主编： 郭红英　李自强　拉　本

编　委： 蔡武成　郭红英　赵　毅　李建生
李自强　李德佑　拉　本　字学功
刘　毅　刘秀萍

摄　影： 蔡武成　李德佑　李建生　赵　毅
方震东　曹国中　李东红　李　刚

撰　稿： 符筱筠　李德佑

维西

傈僳之韵

这是一块神奇的大地
到处飘逸着自然的草绿
弥漫着大麦酒的醇香
白天太阳用炽烈把它炙热
夜晚月光又用大河让它透凉
它的云幔刺诱着千年的野性
而它的大山沟壑镌刻着万世秘境
用风的声音吟颂着一个山地民族
用峡谷纯清的声音传唱着天籁
这就是傈僳维西
一个你要离去
又不断回来的地方

前　言

维西，这片多民族聚居的美丽土地，作为全国唯一一个傈僳族自治县，是傈僳族人的伊甸园。

傈僳族，被认为是古代羌族后裔，即“蛮”的一支。作为民族自称音译的“傈僳”二字，历史上曾有“栗粟”、“力苏”、“傈僳”、“力些”、“力梭”、“黎苏”、“俚苏”等不同写法。唐代史籍称“栗粟两姓蛮”或“栗蛮”及“施蛮”、“顺蛮”，均属“乌蛮”，分布在今川、滇雅砻江、金沙江、澜沧江两岸等广阔地带。

唐樊绰《蛮书》卷四《名类》第四最早记录了傈僳族的名称，书中说：“栗粟两姓蛮，雷蛮、梦蛮皆在邛部，台登城，东西散居，皆乌蛮、白蛮之种族。”所谓“栗粟”就是今天傈僳族的祖先，维西傈僳族即文中所指“乌蛮”中的一支。

元朝时期，因不堪忍受统治者的虐待，乌蛮由金沙江两岸向西迁移，其中一部分留在了维西，和当地土著居民融合，成为从乌蛮中独立出来的一支傈僳族。但宋元时期，“栗粟”之名已不见于文献记载。

随着明王朝对云南的统治逐渐深入，直到15世纪的文献中才又见到略有涉及傈僳族的记载。明景泰《云南图经志书》卷四载：“有名栗些者，亦罗罗之别种也。居山林、无室屋，不事产业……”明嘉靖年间，杨慎编纂的《南诏野史》下卷中记载：“力些，即栗粟。衣麻，披毡，岩居穴处。利刀毒矢，刻不离身，登山捷若猿猱。以土和蜜充饥，得野兽即生食。尤善弩，每令其妇负小木盾前行，自后射之，中盾而不伤妇，以此制服西番。野力些披发插羽，尤凶悍。”在《云南通志》卷二十四中也有类

似记载：“力些，迤西皆有之。在大理名‘栗粟’，在姚安名‘傈潄’。有生熟二种。男囚首跣足，衣麻布衣，披毡衫，以毳为带束其腰，妇女裹白麻布。善用弩，发无虚矢，每令其妇负小木盾，径三四寸者前行，自后发弩，中其盾而妇无伤，以此制服西番。”

历史上，傈僳族曾发生过几次大的迁徙，在17世纪至19世纪的200多年里，有成批的傈僳族越过高黎贡山进入缅甸境内，另有几批向南沿着澜沧江、怒江，经由镇康、耿马、沧源、孟连，抵达老挝、泰国等国，这就形成了傈僳族大分散、小聚集，跨境而居的分布状况。但无论哪里的傈僳族人民，都具有强烈的热爱祖国、不畏强暴、敢于斗争的民族精神。抗日战争时期，日本侵略军侵占了云南怒江西岸，在上江乡隔江炮轰六库镇，使当地各族人民的生命财产受到严重损失，于是各地傈僳族人民纷纷集合起来，用火枪及弩弓、刀矛阻击日寇的进攻，给予侵略者应有的惩罚。

时至今日，傈僳人有了属于自己的家园。在维西这片广阔的土地上，他们繁衍生息，质朴地生活着。但他们独特的生活方式，却成为历史的忠实记录者。

有文献证实，他们的生活方式有着自己独特的民族特征。《永北府志》中记载：“所属夷人种类，力些一种，性枭雄，能远视，崖居穴处，头束布帕，身佩弓弩，猎麂狍以易食，网鸟雀以资生。不通汉语，男女衣食相同，性情舛傲。此辈老于深山，大半不履城市。婚配不论尊卑，不分同族。死后火化，抛弃骸骨。”简短几句，衣、食、住、行全部囊括其中。岁月在历史的长河中慢慢沉淀，但傈僳族人的生活习惯依然没有大的改变。

节日里当然少不了云南少数民族地道的舞蹈、音乐，还有酒。傈僳族民间舞蹈大致有三种类型：一是模仿动物行动的舞蹈，如鸟王舞、鸡吃食舞、猴抓虱舞，趣味、幽默、诙谐。二是生产生活舞，傈僳族人民将生活中的动作姿态，如收小米、开火山、狩猎、洗衣等赋予艺术的韵味，表演起来活泼多变，热情奔放。三是表现战斗的舞，这种舞蹈表现勇猛无畏的精神，体现了男子的阳刚之美。在绚丽多姿的傈僳族歌舞中，要数“阿尺木刮”、

“瓦器器”最具有代表性。

“阿尺木刮”，意为“山羊的歌舞”，发源于维西县澜沧江流域，是一种群众自娱性舞蹈，其特点为不用乐器，自始至终踏歌起舞。“阿尺木刮”舞蹈形式热烈奔放，风格独特，基本上保持着传统的民间艺术形态。目前，该舞种的一些传统舞蹈套路只有部分老人还会跳，面临着传承危机。

“阿尺木刮”舞者的服饰十分独特，据清代余庆远《维西见闻

移动通信
鑫星通讯
富贵鸟
富贵鸟

录》记载，表演“阿尺木刮”时“男挽髻戴簪，编麦草为璎珞缀于发间……出入常佩利刃。妇挽发束箍，盘领衣，系裙裤”。如今，这种别具一格的服饰已不多见，在“阿尺木刮”表演中仍保持“编麦草为璎珞缀于发间”的唯有叶枝镇境内的傈僳族。

乐歌由领唱和伴唱合成，每一乐曲开头，都有一个无唱词内容的起音，其音颤抖悠扬，宛如旷野里山羊的悠悠长鸣。舞者分男女两队，每队有一名领唱者，其余合唱。唱词内容十分丰富，可从远古洪荒的神话传说唱到身边的生产生活，可承袭前人留下的唱词，也可即兴自编自唱，如果男女两队的领唱者旗鼓相当，往往一场“木刮”唱几天几夜尚不能绝。

“阿尺木刮”的跳法一共有十多种，其动作及声音都明显模仿山羊及游牧生活中的一些琐事，具有浓厚的原始性和自然性，它再现了土著民族在大自然的恩泽中对生活充满希望，以其显著的独立性和多样性为一体用音乐和舞蹈的形式表达了傈僳族人民热爱、向往大自然的质朴情感，讲述了本民族在漫漫历史长河中的发展历程。同时，“阿尺木刮”涉及傈僳族人民婚丧嫁娶、节日喜庆、欢庆丰收、喜迎宾客等日常生活的方方面面，从这个角度讲，傈僳族人民在以“阿尺木刮”为媒介与大自然进行的情感交流中，同步实现和促进了人与人之间的情感交流。

“阿尺木刮”作为有较高艺术价值的民族歌舞载入了《中国民族民间舞蹈集成》，并于2006年5月20日经国务院批准被列入第一批国家级非物质文化遗产名录。

“瓦器器”意为踏脚起舞，俗称跳脚，是一种群众自娱性广场舞蹈，全县范围内均有流传。舞蹈队形为大圆圈，参舞者手牵手按顺时针方向转动，需挺胸、平视前方，动作的韵律和变化多在腰、臀以下，跳法以跺、踢、悠踢、抬腿等动作为主。舞蹈共由十八段组成，表现了《你当摆本》（古歌弹唱词）中关于傈僳族起源、发展的神话传说，堪称傈僳族的音乐舞蹈史诗。其特点是：音乐与舞蹈和谐一致；舞蹈节律鲜明，刚柔兼济、张弛疾徐、错落有致；整个舞蹈以“提托瓦”为基本动作，在此基础上反复派生其他动作。

除此之外，维西县境内还有“阿朴比瓦克”（芦笙舞）等傈僳族歌舞。

音乐是傈僳族表达感情的重要方式，男人中甚至流传着“没有一个好嗓子，休想找个好媳妇”的说法 。可见，唱歌对调在傈僳族的生活中是多么重要。傈僳族民歌按体裁可分为六大类：

一是“木刮”，意为古歌古调，是老人唱的叙事抒情调；二是“摆时”，为一人领唱众人合唱，是一种少见的多声部原始复式音乐珍贵遗产；三是“哟依”，即哼歌，主要唱悲欢离合的生活故事和情歌；四是“切我”，意为抒发心底的歌；五是礼俗歌，有迎亲调、挽歌祭祀调等；六是儿歌，类似童谣、摇篮曲等。

如“逃婚调”，是傈僳族口头流传的著名长歌之一。它通过男女对唱的形式，描述一对青年男女为反抗旧社会包办婚姻而相偕逃奔他乡所经历的艰险。曲调优美，情节感人，具有鲜明的民族特色。新中国成立后，该调已有汉文译本出版。

又如“摆时”，是傈僳族的一种曲调的名称。演唱时男女各一队，每队有一人领唱，其他人相和，领一句，和一句，构成对称的上下韵关系。

傈僳族唱歌可以不用乐器，随手摘一片树叶就可以吹出好听的曲子。选用的叶子也叫做木叶，音色优美、动听，取材方便，因此得到广泛应用。当然，他们也有一些古老流传的乐器，如启本，形似小吉他，共有四根弦，过去都是用羊肠弦，现多用金属弦，一直都是傈僳族舞蹈中的主要伴奏乐器之一。

服饰是区别中华各民族最直接的特征之一，每个民族独有的服饰文化都是其民族文化的一个重要部分。清代余庆远所著《维西见闻录》曾对古代傈僳族衣

着服饰作过详尽记载："男挽髻戴簪，编麦草为璎珞缀于发间……裤及膝、衣齐裤、出入常佩利刃。妇挽发束箍，盘领衣，系裙裤。"据考证，现代傈僳族中尚保持着"编麦草为璎珞缀于发间"的传统仅有维西县境内澜沧江流域的傈僳族。在漫长的历史发展过程中，被大山阻隔的傈僳族的服饰文化基本没有受到外界影响，较完整地保留了古羌人的服饰风格。这种服饰也是今天维西当地傈僳族群众跳"阿尺木刮"所着的服饰。

在其他文献中，傈僳族的衣着也被描述得极为简单，"衣麻，披毡"、"以毳为带束其腰，妇女裹白麻布"、"头束布帕"等，扑面而来的是一种简洁干练的气息，主要是为了适应艰难的生活环境。而今傈僳族人的服饰则增加了更多美的成分。

傈僳族是一个十分注重礼节的民族，并历来都有尊老爱幼的品德。青年人或晚辈对老人或长辈，从语言到行动都有一定的规则，

说话要和气，声调要低，不能大声吼叫；长者坐的上方不能随便去坐，传烟递茶先要敬长者，并用双手奉上。路上相遇时，同辈间要互相亲热打招呼；碰上不认识的老人，要侧身让路，即使是遇到素不相识的人也要礼

貌谦让。傈僳族是一个敢上刀山、下火海的民族。同路相逢，并肩前行时，彼此分担过重的携带物。他们还保留有原始互助的习惯，如遇婚丧娶嫁、修房盖屋，都要相互帮助。这种帮助从不计报酬，不讲价钱。对老弱孤寡和穷困者，都有进行扶助的义务。傈僳族一般出门不带口粮，不论相识与否，到哪家吃哪家，家家都有款待客人的美德。

受宗教信仰的影响，他们认为拒绝帮助别人的人，就等于断绝别人对自己的帮助，结果自己会孤立无援。对身处远村遥寨相隔数年后会面的友人，语言、行动都有一定的习惯规则，如与对方讲话要格外热情，声调要低，递送茶、酒、烟和饭要用双手恭敬地端递；友人闲住期间，要杀猪、鸡款待；友人起身回家时，主人要带领全家相送。

S
D
O
RE

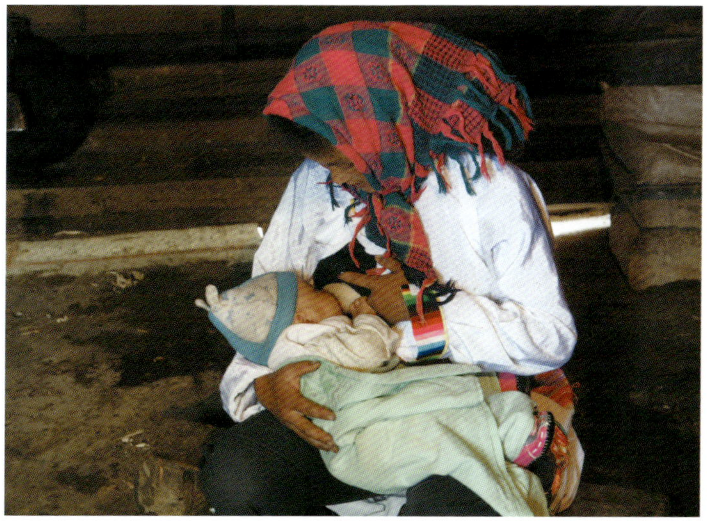

傈僳族信奉的是原始宗教，是典型的自然崇拜，信奉万物有灵，即山有山神、水有水神，还有道路神、灶神、家神、龙、天神、风神等，这些都是长期与自然界作斗争的结果。众多的神灵中没有统属关系，而是各司其职，在冥冥之中注视和统治着自己的领地。人们一般认为，众神在人类没有触怒它们的时候，是沉睡的。这些神灵存在的位置是善良与邪恶中间，即不善不恶，这点有些像西方的神灵。

“山神”在傈僳语中被称为“密斯”。“密”，有野外的土地的意思，“斯”，有统领、附属的意思。傈僳族认为“密斯”统治的范围是山、土地，而且不同的地方有不同的“密斯”，它们各不相干，互不侵犯，不同的“密斯”也有不同的性格。比如在传说中，维西傈僳族自治县中路乡腊八山的“密斯”是一个被毁了一半面容的女神。她的面容是在若干年前的一场森林火灾中被烧毁的，所以她对人类怀有报复心理。这个山脉附近的村庄每隔几年就会出几个精神失常的人，人们认为这是当地“密斯”对森林纵火者的惩罚。

生产方面，如稻谷开花时，妇女不能在稻田旁洗衣、剥麻；包谷开花时如遇大风，妇女不能织布，男子不能在外砍树；月亮圆时不能下种，怕虫吃庄稼；七八月间不得上山砍树，不能丢石头进水塘，不织麻，因怕触怒山神龙王引起各种灾害；不能打死蜘蛛，认为蜘蛛是教给人织布的。

Haier
全球共享

维西傈僳族世居大河沿岸，是“三江并流”生物多样性最富集的地区。傈僳族除种植玉米、小麦、荞麦外，水稻是他们最主要的农作物。攀天阁是现今世界上海拔最高的种植水稻的地区（海拔2670米），这里种植有一种古老的物种——“黑谷”。

弩弓与毒箭是傈僳族人，特别是傈僳族男子的必备之物。高山峡谷区，茫茫的原始森林，各种飞禽猛兽出没林间。勤劳勇敢的傈僳族人民发明创造了各种各样的生产工具，练就了一整套与凶禽猛兽搏斗及适应环境、改造自然的技能与本领。弩弓和毒箭是其中的代表。但随着社会的进步，弩弓已经很少再作为生产工具使用，而是成为男子表演的道具。“射弩会”上，飒爽英姿，上箭、扣弦、瞄准、发射，动作流畅，百发百中。一系列的动作引起全场的欢呼声，更吸引了多少女子的眼球，赢得了多少女子的芳心！

傈僳族有自己的语言，傈僳语属汉藏语系藏缅语族彝语支。历史上，傈僳族人曾先后使用过三种文字：一种是西方传教士创制的拼音文字，另一种是维西县农民创造的音节文字，还有一种是新中国成立以后新创制的拉丁字母形式的文字。

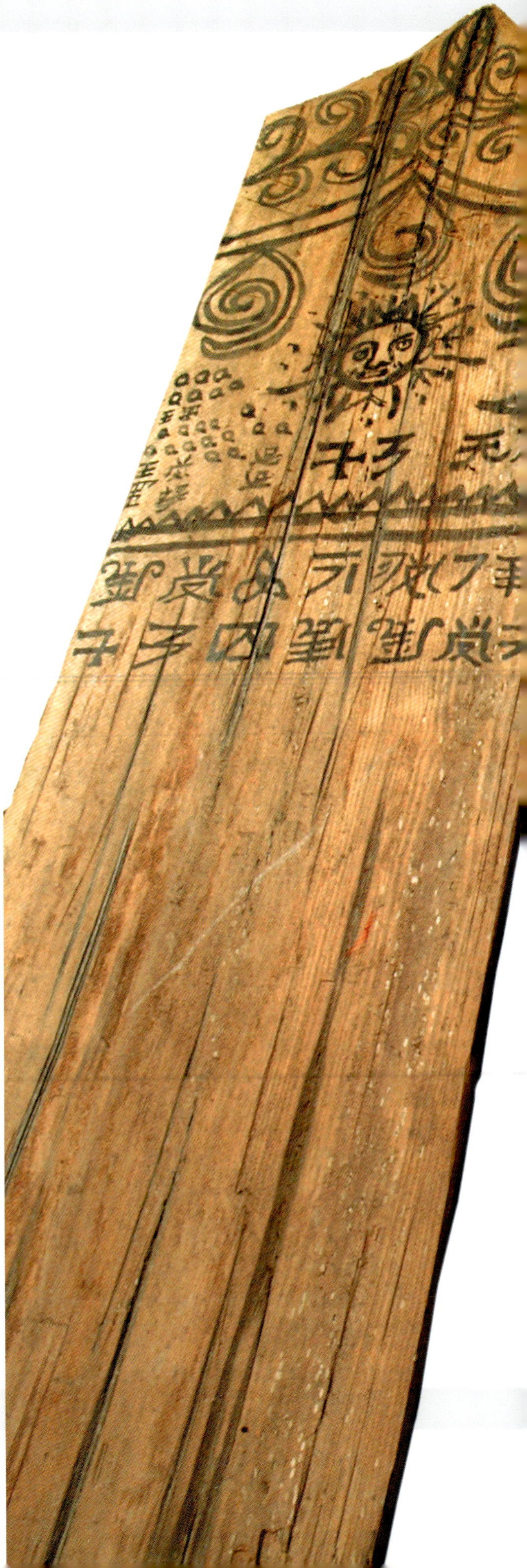

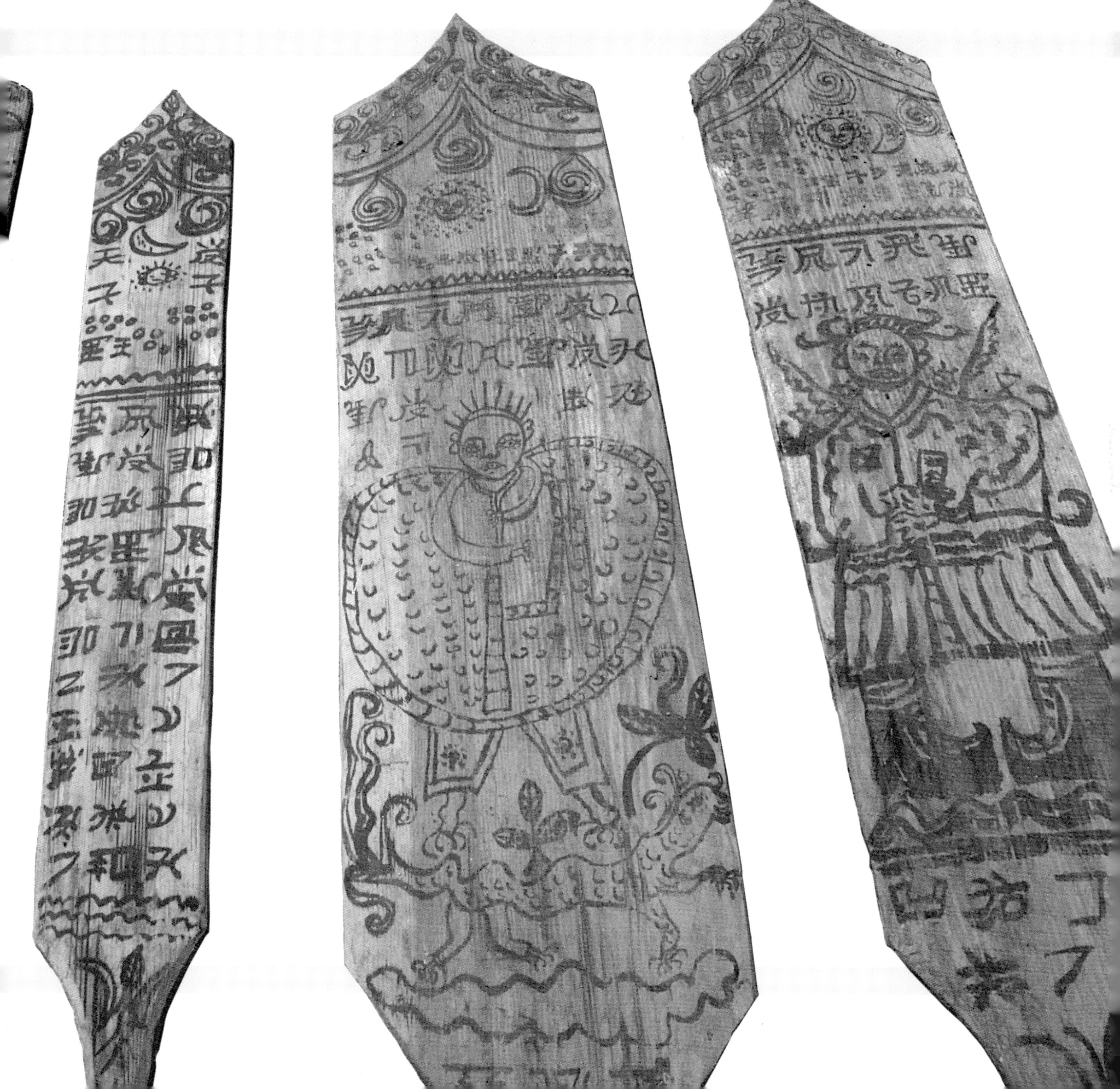

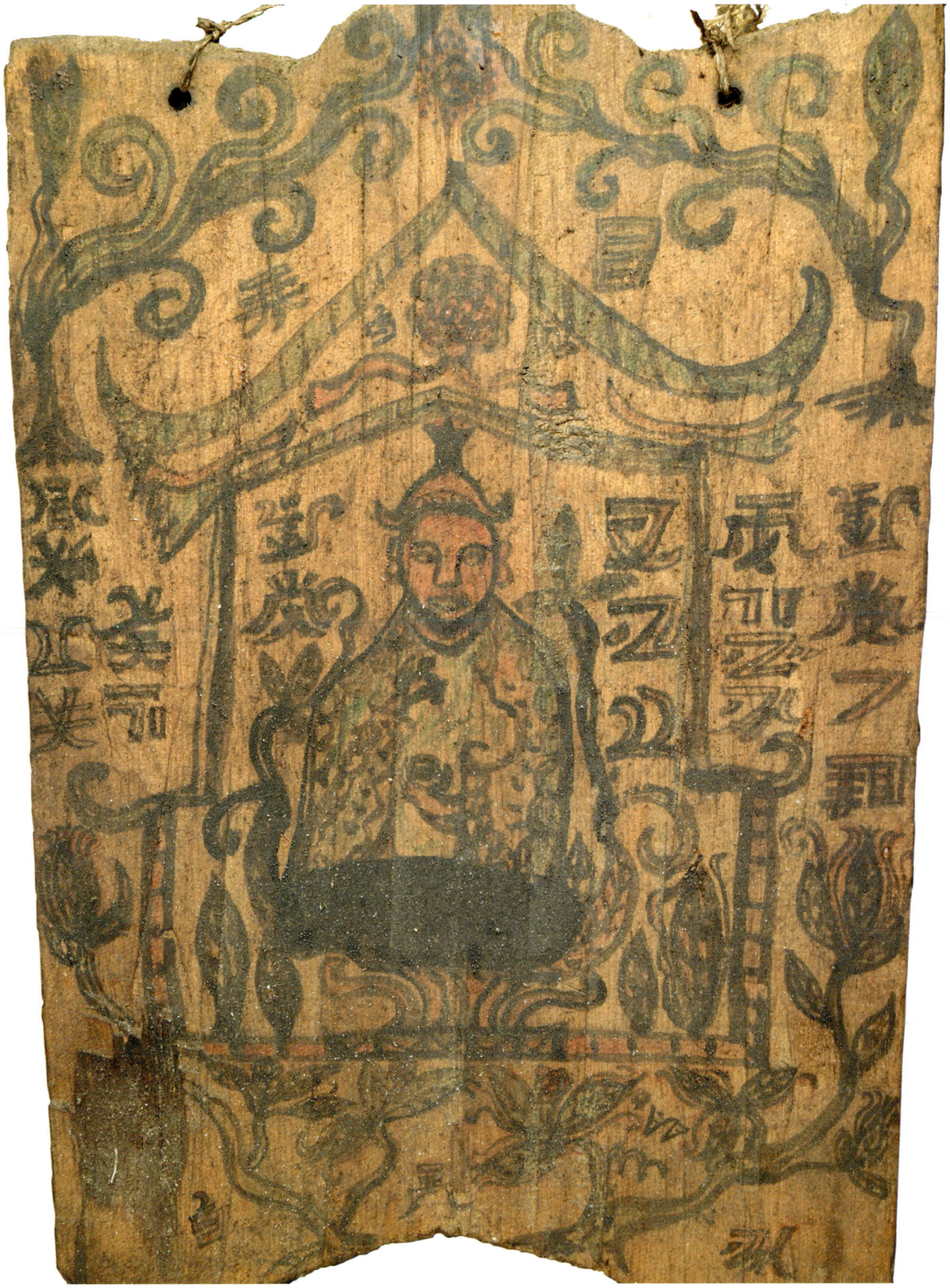

历史上傈僳族人民并没有文字，而普遍使用刻木、结绳的记事方式。随后，天主教进入云南，传教士在各地进行传教活动。傈僳族人在传教士的帮助下开始使用由拉丁字母（大写）及其变体形成的语音符号和苗文字母形式的语音符号作为自己的文字。但这是外国天主教、基督教传教士为传播其宗教和进行文化侵略而拟制的，虽然在一定范围内得以传播和使用，但它们带有强烈的文化奴役色彩，表达的傈僳族语音也很不准确。因此在傈僳音节文字出现后不久它便退出了历史舞台。

傈僳音节文字是20世纪20年代维西傈僳族农民汪忍坡（一说“哇忍波”）耗费了十多年的时间创造出来的。据介绍，音节文字的结构和形体与汉字有相似之处，有

的完全照搬了汉字的形体，但音、义完全不同，有少数则采取了描画事物形状的象形造字法。

为了改变民族被压迫、被奴役的地位，汪忍坡决心造字。据说他创字的速度非常快，仅三个月就创造了300多个字。1924年至1941年，他共创造了1426个字，分成12本册

子。随后，为了方便人们学习、记忆、流传，他把这些字编写成一本《傈僳语文》，又称为《识字课本》，大体按音韵编排成291句顺口溜。汪忍坡推行这套文字的同时，还用它们将自己所继承的傈僳族古老文化遗产记录了下来。其内容丰富、形式多样、涉及面广，包括天文、历法、社会伦理道德规范、历史传说、文化观念、气候变化、生产生活等，成为十分珍贵的民族文献资料。这些字从1928年起流传到乡间，逐步得到推广和使用。

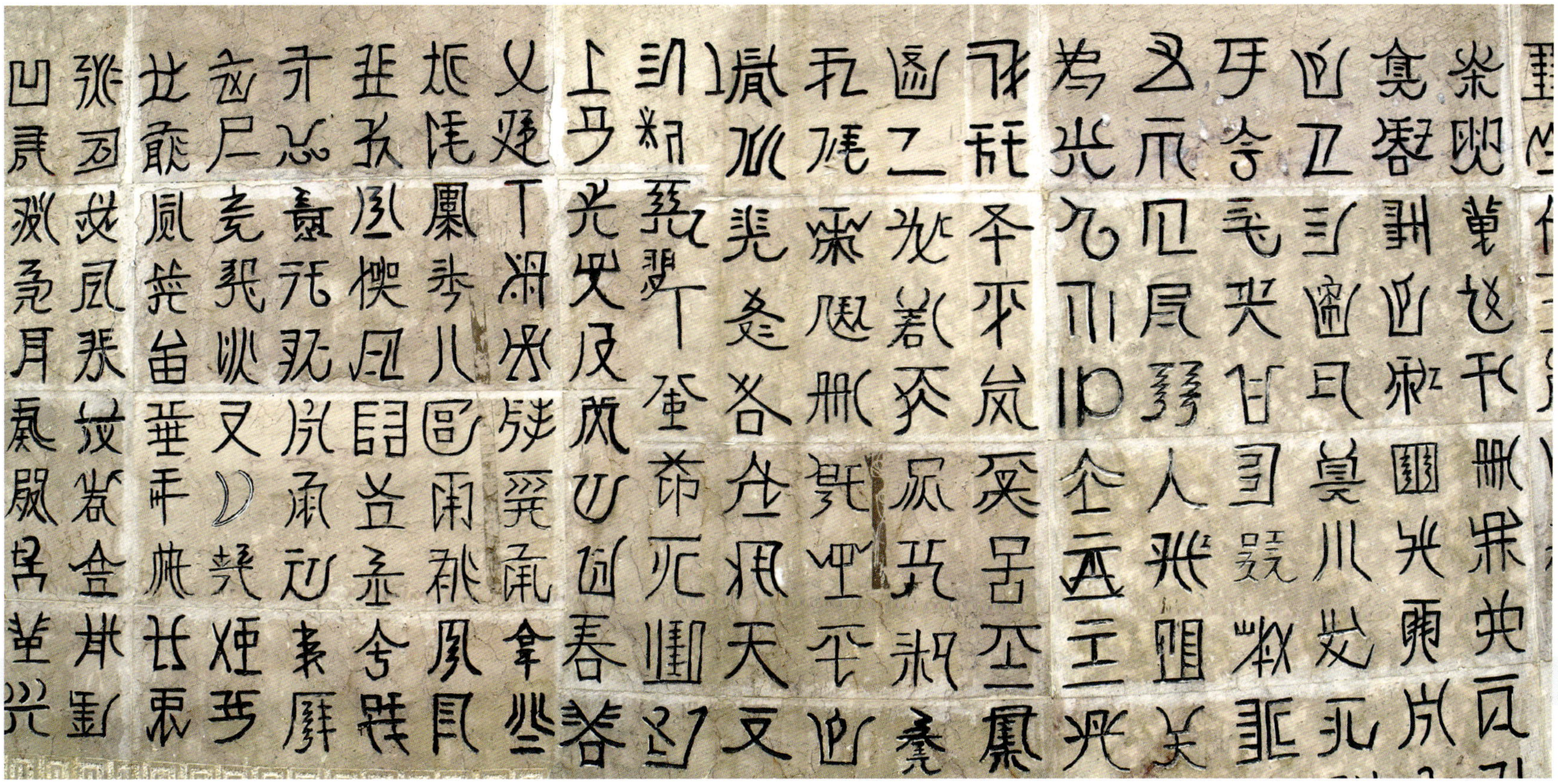

王府莊園

维西基督教堂

傈僳族历史悠久，信奉原始宗教，崇拜自然，视自然界万物都有神灵。国外基督教、天主教在大河流域传播，原始自然界崇拜的傈僳人民有部分开始信仰国外的宗教。

萬有真原
天主堂

小维西天主堂

叶枝嘛叽哇

巴迪九湖一山

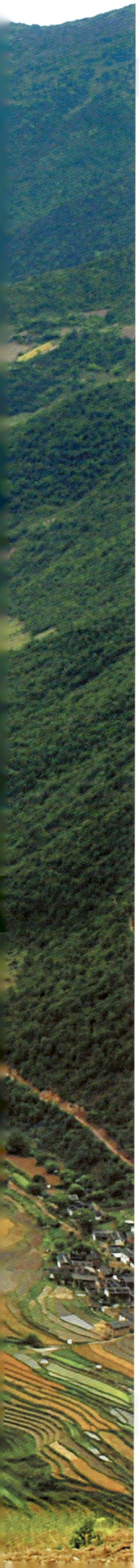

后　　记

一个民族自尊、自信、自强的精神，体现在涓涓细流的生活中，而养育这个民族的大河、大山则是他们的伊甸园，用原生态的生活来展现一个民族的精神是本画册的创作宗旨。

世界奇观“三江并流”宏伟壮观的自然景观，丰富的多样性生物种类，深邃多姿的民族文化深深打动了我，使我完成了《维西药用植物图鉴》和《维西傈僳之韵》两本作品，同时我也爱上了这块神奇的大地。两年的维西创作工作遇到了前所未有的困难，本来几小时的路程却因修路走了三天，还好并未因诸多困难而影响工作进程。

在两年的拍摄工作中，特别是本画册的拍摄中，感谢维西县傈僳族研究会的会长李自强同志和字学功的协助和指导，以及县委宣传部、县民委、维登乡、攀天阁乡、叶枝乡、巴迪乡政府的协助，同时感谢为本画册提供照片的诸位朋友，感谢云南大学茶马古道文化研究中心的鼎力相助，也对为出版此书付出辛勤劳动的朋友致以深深的谢意！

图书在版编目（CIP）数据

维西傈僳之韵 / 蔡武成，李德佑主编. 一昆明：云南大学出版社，2011
ISBN 978-7-5482-0774-0

Ⅰ. ①维… Ⅱ. ①蔡… ②李… Ⅲ. ①维西傈僳族自治县—概况—画册 Ⅳ. ①K927.44-64

中国版本图书馆CIP数据核字（2011）第268108号

责任编辑：丁群亚　蒋丽杰 / **装帧设计**：古道装帧　刘　雨

维西 傈僳之韵

主编　蔡武成　李德佑

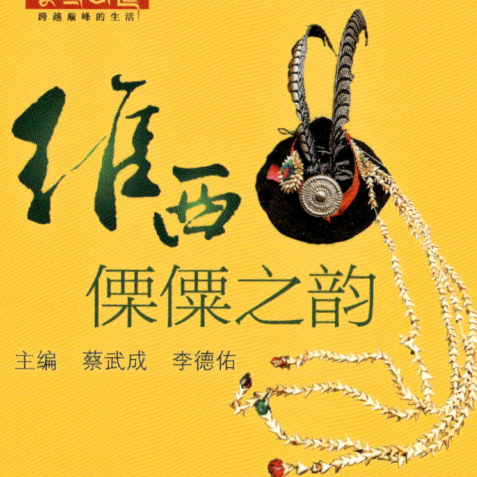

出版发行：云南大学出版社
印　　装：昆明卓林包装印刷有限公司
开　　本：889mm×1194mm　1/12
印　　张：11
字　　数：218千
版　　次：2011年12月第1版
印　　次：2011年12月第1次印刷
书　　号：ISBN 978-7-5482-0774-0
定　　价：180.00元

社　　址：昆明市翠湖北路2号云南大学英华园内
邮　　编：650091
电　　话：（0871）5033244　5031071
网　　址：http://www. ynup. com
E-mail：market@ynup. com